folio benjamin

Lettrage de Judythe Sieck

Merci a Adelheid Gealt,
Direction du musee d'Art de l'Universite d'Indiana,
qui a patronne une exposition et un catalogue consacres
a l'art du bogolan de Nakunte Diarra.
J.W.

Jeanette Winter raconte : "La beaute des motifs de Nakunte Diarra m'a immediatement seduite, surtout lorsque j'ai su qu'ils avaient une signification, comme s'ils racontaient une histoire. J'ai toujours ete attiree par le pouvoir evocateur de l'art populaire. Il y avait pour moi dans les motifs de Nakunte un nouveau mode de recit, abstrait, mais utilisant des symboles dont je sentais qu'ils parleraient aux enfants, en leur donnant un nouveau regard sur le monde."

Traduit de l'anglais par Anne de Bouchony

ISBN : 2-07-054970-4
Titre original : My Baby
Publie par Farrar, Straus and Giroux, LLC, New York

Numero d'edition : 141987
Loi n° 49-956 du 16 juillet 1949 sur les publications destinees a la jeunesse
1er Depot legal : octobre 2001
Depot legal : janvier 2006
Imprime en Italie par Editoriale Lloyd

Nakunté Diarra vit au Mali.

Elle peint avec de la boue des étoffes appelées bogolan,

selon une tradition vieille de plusieurs siècles.

"...depuis que Dieu a créé le monde...

le bogolan était là." N. D.

MON BÉBÉ

Jeanette Winter

GALLIMARD JEUNESSE

Whoush!

Le vent brûlant souffle à travers la savane jusqu'à mon village.

Whoush!

Le vent brûlant sèche le tissu bogolan que maman a peint. Son bâton pour peindre fait des allers-retours du pot de boue au tissu toute la journée.

Maman me donne une bande de tissu à peindre.
"Exerce-toi, Nakunté", dit-elle.
Je plonge mon bâton dans la boue
et je commence à peindre.

Je m'assieds chaque jour sous les branches
du calebassier, pour peindre mes bandes.
"C'est du bon travail, Nakunté", dit maman,
et elle me donne un grand tissu à peindre.

Année après année,
je peins continuellement le bogolan.
Tout le village défile pour voir mes tissus...

à porter
pour les mariages,

pour envelopper
les nouveau-nés,

pour le voyage vers la Terre promise.

Et, quand je me marie
avec Kuomi, je porte
le bogolan que maman a peint
spécialement pour moi.

Mon bébé naîtra au moment
de la saison des pluies.
Je dois commencer le bogolan
pour mon bébé.

Je vais au marché
chercher le tissu
le plus blanc possible.

Personne d'autre que moi ne connaît ce ruisseau.

La boue y est exceptionnelle.

Personne d'autre que moi ne connaît cet arbre.

Les feuilles en sont exceptionnelles.

Et, quand je mélange cette boue et ces feuilles,
la boue devient aussi noire qu'une nuit sans étoiles.

Mon bébé,
je vais te peindre un bogolan
pour t'envelopper.
Mon bébé arrivera en même temps
que la pluie.

Écoute, mon bébé,
entends-tu le roulement
des tam-tams ?

Les tam-tams effraient le petit serpent blanc.
Écoute, mon bébé,
le petit serpent blanc qui s'enfuit en rampant.

La moucheture du léopard
lui permet de se cacher.
Écoute, mon bébé,
entends-tu ses pas
dans les fourrés?

Oh! mon bébé,
le scorpion peut piquer avec sa queue.
Prends garde!

Le ruisseau est à sec.
À l'arrivée de la pluie,
tu entendras l'eau couler.
Mais qui a laissé ces arêtes de poisson?

Quant à l'iguane,
il avance sur ses coudes pliés.
Écoute, mon bébé,
le **sifflement**
de sa langue.

Écoute, mon bébé,
entends-tu la maman crocodile
se glisser dans la savane sur ses courtes pattes?
Va-t-elle trouver l'eau qu'elle recherche?

Shhhhh.

J'entends un bruissement de feuilles,
mais je ne vois rien.
Mon bébé,
entends-tu ce bruissement?
Oh, là, j'aperçois la queue du caméléon
qui se camoufle.

Mmmmm,
la fleur du calebassier
sent délicieusement bon.
Sens-tu cette douceur,
mon bébé?

Écoute, mon bébé,
le crouh, crouh, crouh de la tourterelle.
Elle laisse l'empreinte de ses pattes dans la poussière,
l'une après l'autre,
jusqu'au moment où *pfuit!*
elle prend son envol...

... pour rejoindre les petites étoiles qui étincellent dans le ciel.
Bientôt, mon bébé, tu pourras voir
les petites étoiles scintiller pour toi.

Voilà, mon bébé, le bogolan est fini.

Whoush!

Le vent chaud l'a séché.

Oh! la pluie arrive, mon bébé.
Il est temps pour toi de naître.

Ha !
te voilà.

Bienvenue !

Mon bébé.